Impressum
Verlag: BABADADA GmbH, Nedderfeld 112 , 22529 Hamburg
Geschäftsführer / Verlagsleitung: Harald Hof
Druck: Books on Demand GmbH, In de Tarpen 42, 22848 Norderstedt

Imprint
Publisher: BABADADA GmbH, Nedderfeld 112 , 22529 Hamburg, Germany
Managing Director / Publishing direction: Harald Hof
Print: Books on Demand GmbH, In de Tarpen 42, 22848 Norderstedt

1

sekolah

escola

bilik darjah
classe

bahagi
dividir

186/2

papan
tauler

laman/taman sekolah
pati (de l'escola)

guru
professor

kertas
paper

tulis
escriure

pen
estilogràfica

meja
escriptori

pembaris
regle

buku
llibre

murid
estudiant

beg galas

bossa

kotak pensel

estoig

pensel

llapis

pengasah pensel

maquineta de fer punta

pemadam

goma

kertas lukisan

bloc de dibuix

melukis
dibuix

berus lukis
pinzell

kotak warna
capsa de pintures

gunting
tisores

gam
cola

buku latihan
quadern d'exercicis

kerja rumah
deures

nombor
nombre

2+2

tambah
afegir

5-2

tolak
sostreure

darab
multiplicar

kira
calcular

huruf
lletra

ABCDEFG
HIJKLMN
OPQRSTU
VWXYZ

abjad
alfabet

kata
mot

teks

text

baca

llegir

kapur

guix

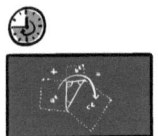

pelajaran

lliçó

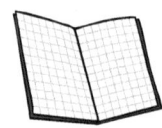

daftar

llibre de classe

peperiksaan

examen

sijil

certificat

uniform sekolah

uniforme escolar

pendidikan

formació

ensiklopedia

enciclopèdia

universiti

universitat

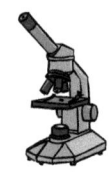

mikroskop

microscopi

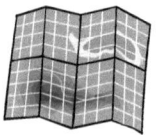

peta

mapa

bakul sampah

paperera

sekolah - escola

berjalan
viatge

hotel
hotel
Grand
asrama
alberg
ROOMS
pejabat tukaran mata wang
oficina de canvi
beg pakaian
maleta
kereta
automòbil

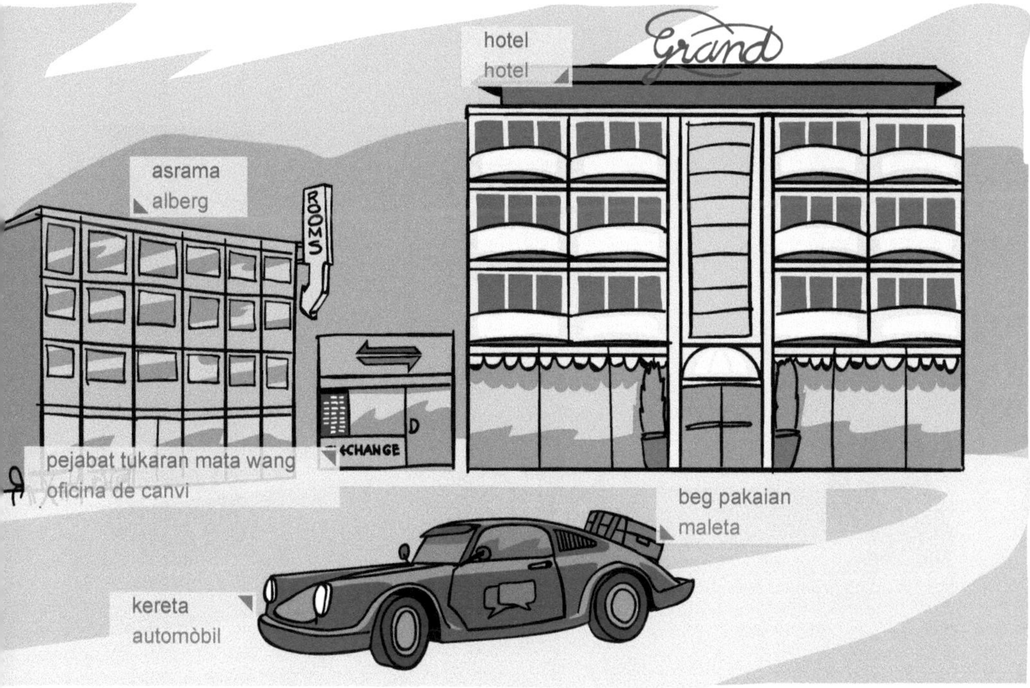

bahasa

llengua

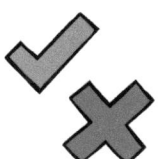

ya / tidak

sí / no

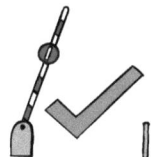

okey

D'acord

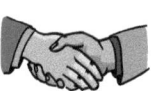

helo

Ey!

penterjemah

traductora

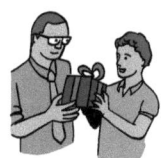

Terima kasih

gràcies

berapa banyak...?

Quant costa... ?

saya tidak faham

No entenc

masalah

problema

Selamat petang!

Bona nit!

Selamat Pagi!

bon dia!

Selamat Malam!

bona nit!

selamat tinggal

fins aviat

arah

direcció

bagasi

bagatge

beg

bossa

beg galas

sarrona

tetamu

convidat

bilik tidur

cambra

beg tidur

sac de dormir

khemah

tenda

maklumat pelancong

oficina de turisme

pantai

platja

kad kredit

carta de crèdit

sarapan

esmorzar

makan tengah hari

dinar

makan malam

sopar

tiket

bitllet

lif

ascensor

setem

segell

sempadan

frontera

kastam

duana

kedutaan

ambaixada

visa

visat

pasport

passaport

pengangkutan
transport

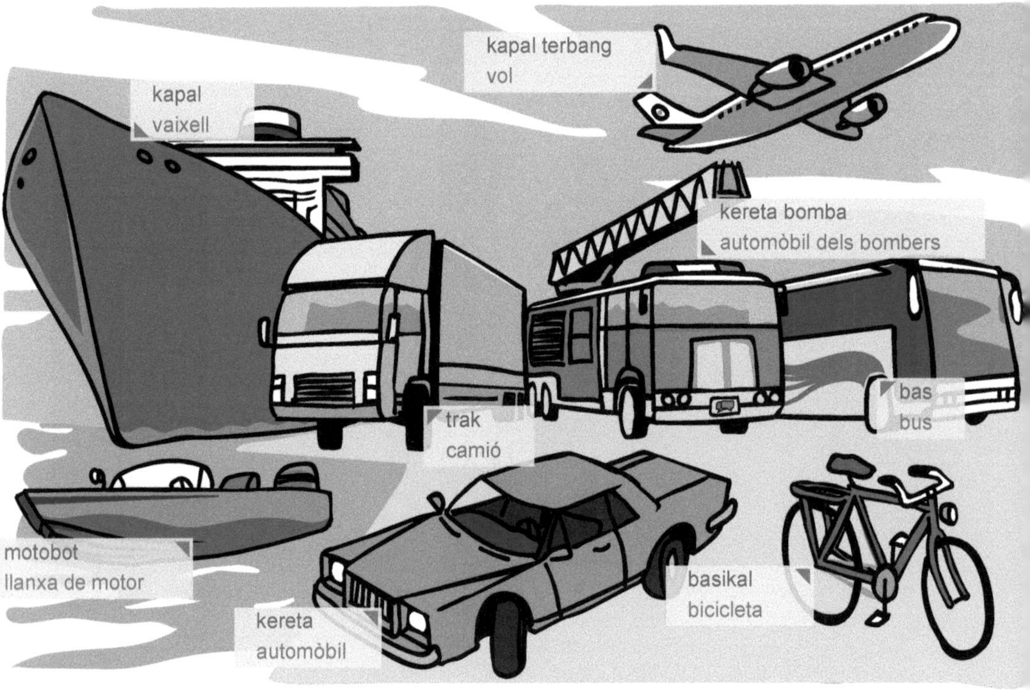
kapal terbang
vol
kapal
vaixell
kereta bomba
automòbil dels bombers
bas
bus
trak
camió
motobot
llanxa de motor
basikal
bicicleta
kereta
automòbil

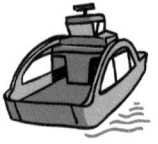

feri

transbordador

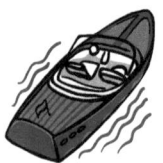

bot

barca

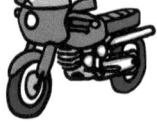

motosikal

moto

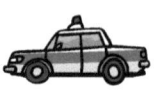

kereta polis

automòbil de policia

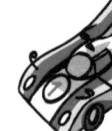

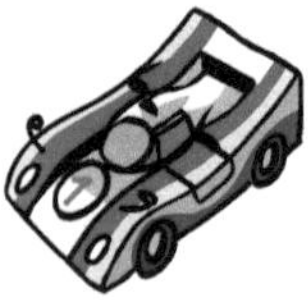

kereta lumba

automòbil de curses

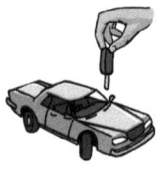

kereta sewa

automòbil de lloguer

berkongsi kereta

vehicle compartit

trak tunda

grua

trak menolak

camió de les escombraries

motor

motor

bahan api

benzina

stesen minyak

benzineria

tanda trafik

senyal de trànsit

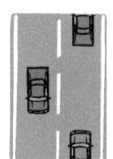

trafik

trànsit

kesesakan lalu lintas

embús

tempat parkir

aparcament

stesen kereta api

estació de trens

trek

vies

kereta api

tren

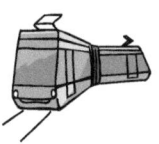

trem

tramvia

gerabak

vagó

helikopter

helicòpter

lapangan terbang

aeroport

Menara

torre

penumpang

passatger

bekas

contenidor

kadbod

capsa de cartó

kart

carretó

bakul

cistella

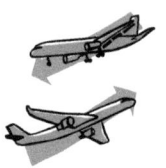

berlepas / mendarat

enlairar-se / aterrar

bandar

ciutat

kampung

poble

pusat bandar

centre de la ciutat

rumah

casa

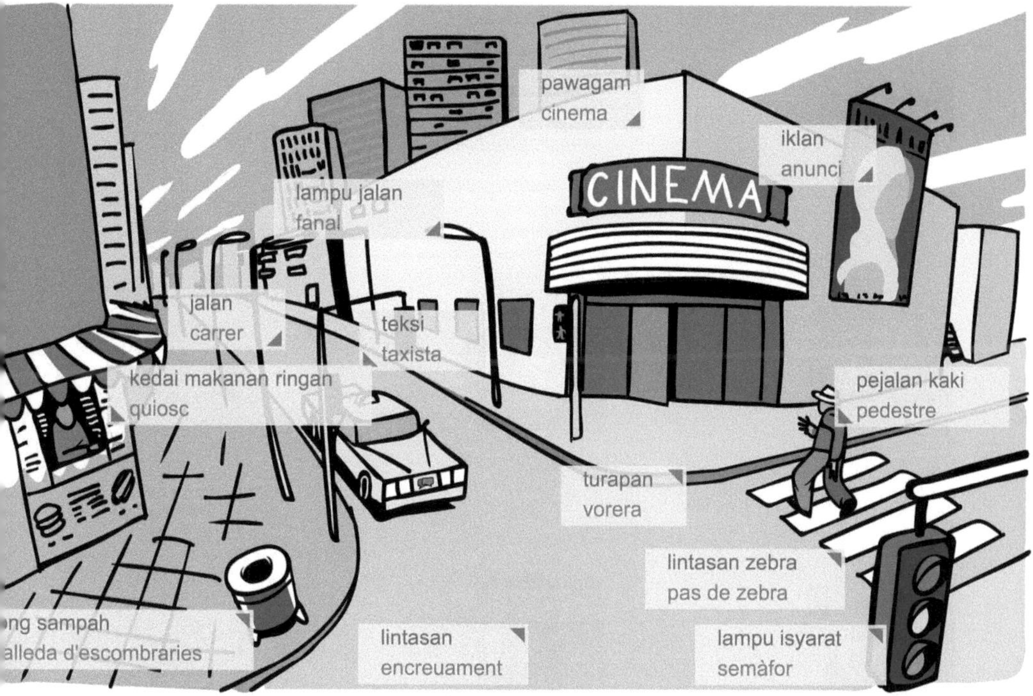

pawagam
cinema

iklan
anunci

lampu jalan
fanal

jalan
carrer

teksi
taxista

CINEMA

kedai makanan ringan
quiosc

pejalan kaki
pedestre

turapan
vorera

lintasan zebra
pas de zebra

ng sampah
alleda d'escombraries

lintasan
encreuament

lampu isyarat
semàfor

pondok

cabana

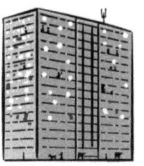

flat

apartament

stesen kereta api

estació de trens

dewan bandar

casa de la vila-ciutat

muzium

museu

sekolah

escola

universiti

universitat

bank

banca

hospital

hospital

hotel

hotel

farmasi

farmàcia

pejabat

oficina

kedai buku

llibreria

kedai

botiga

kedai bunga

floristeria

pasar raya

supermercat

pasaran

mercat

gedung

gran magatzem

penjual ikan

peixateria

pusat membeli-belah

centre comercial

pelabuhan

port

taman
parc

bangku
banc

jambatan
pont

tangga
escala

bawah tanah
metro

terowong
túnel

hentian bas
parada d'autobús

bar
bar

restoran
restaurant

peti surat
bústia de correu

papan tanda jalan
senyal indicador

meter parkir
parquímetre

zoo
zoo

kolam renang
piscina

masjid
mesquita

ladang

granja

pencemaran

pol·lució

tanah perkuburan

cementiri

gereja

església

taman permainan

parc infantil

kuil

temple

landskap

paisatge

daun
fulla

tiang tanda
cartell indicador

jalan
camí

padang rumput
prat

batu
pedra

pejalan kaki
excursionista

pokok
arbre

sungai
riu

rumput
gespa

bunga
flor

lembah
vall

bukit
muntanya

tasik
llac

hutan
bosc

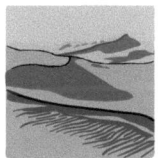

padang pasir
desert

gunung berapi
volcà

istana
castell

pelangi
arc de Sant Martí

cendawan
bolet

pokok kelapa sawit
palmera

nyamuk
moscard

terbang
mosca

semut
formiga

lebah
abella

labah-labah
aranya

kumbang

escarabat

katak

granota

tupai

esquirol

landak

eriçó

arnab

llebre

burung hantu

òliba

burung

ocell

angsa

cigne

babi jantan

senglar

rusa

cervo

moose

ant

empangan

presa

turbin angin

turbina

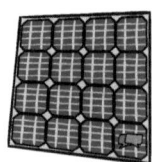

panel solar

panell solar

iklim

clima

restoran

restaurant

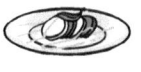

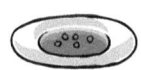

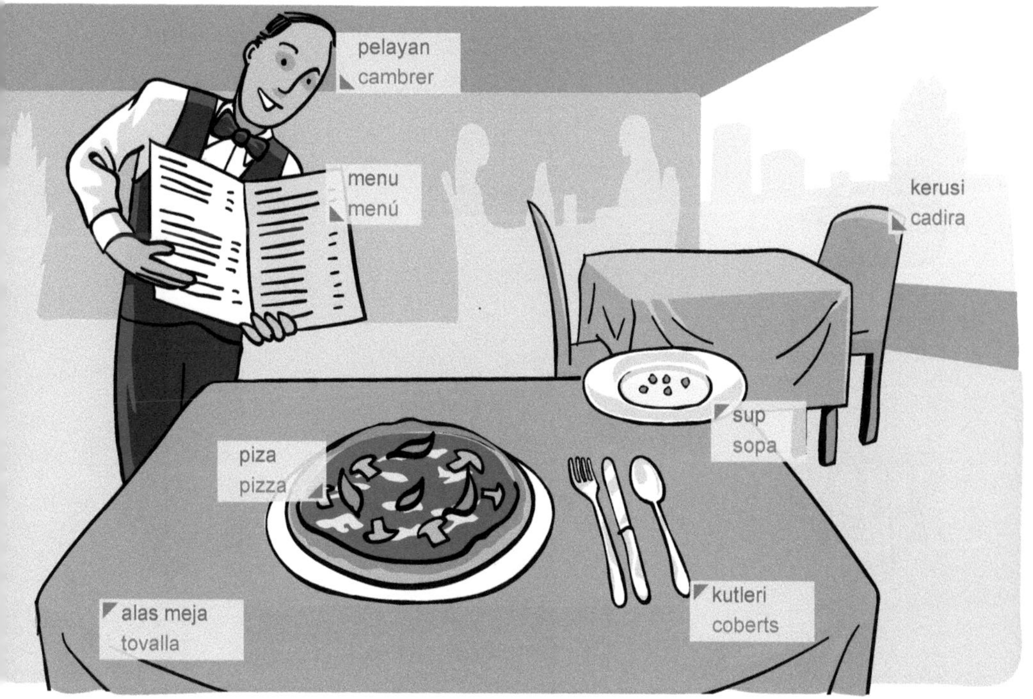
pelayan
cambrer
menu
menú
kerusi
cadira
sup
sopa
piza
pizza
alas meja
tovalla
kutleri
coberts

pemula

primer plat

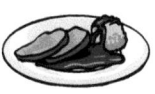

hidangan utama

plat principal

pencuci mulut

darreries

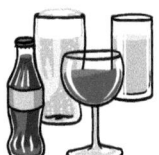

minuman

begudes

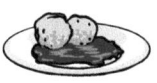

makanan

menjar

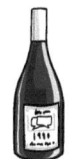

botol

ampolla

makanan segera

menjar ràpid

makanan jalanan

menjar de carrer

teko

tetera

mangkuk gula

sucrer

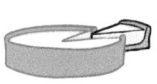

bahagian

porció

mesin espreso

màquina d'espresso

kerusi tinggi

trona

bil

factura

dulang

plata

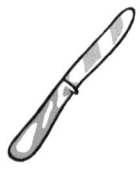

pisau

ganivet

garfu

forqueta

sudu

cullera

sudu teh

cullereta

serviette

tovalló

gelas

got

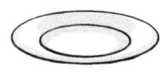

pinggan

plat

mangkuk sup

plat de sopa

piring

plateret

sos

salsa

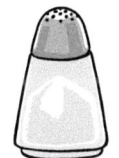

tempat garam

saler

pengisar lada

molinet de pebre

cuka

vinagre

minyak

oli

rempah

espècies

sos

quètxup

mustard

mostassa

mayones

maionesa

pasar raya
supermercat

tawaran istimewa
oferta especial
FOR
pelanggan
client
tenusu
productes lactis
buah-buahan
fruites
troli
carret de la compra

BUTCHERS

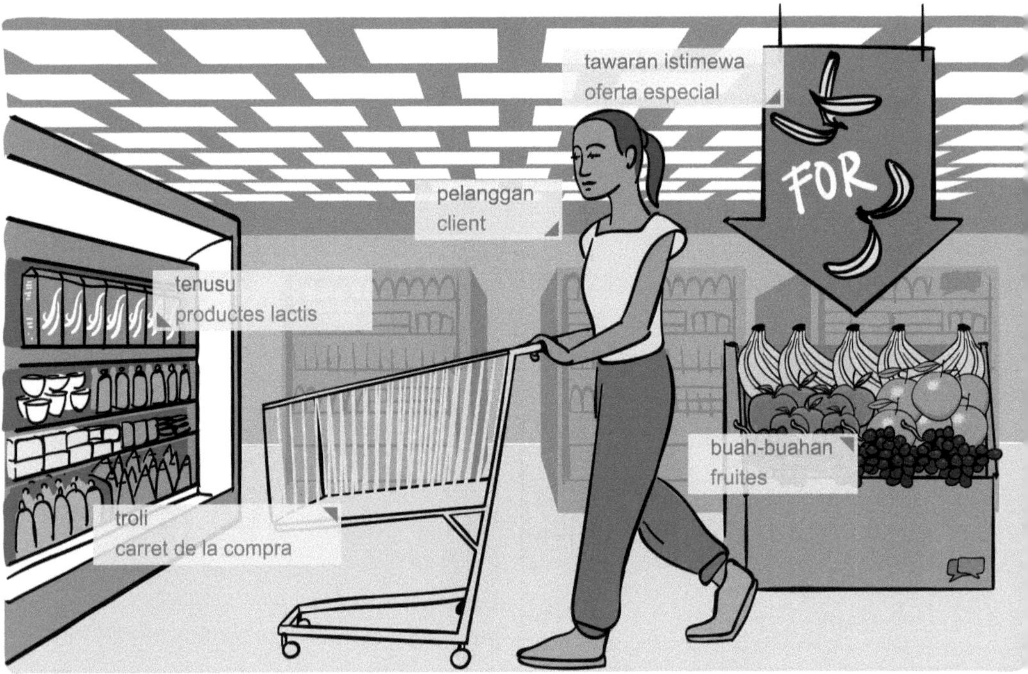

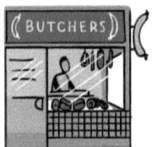

tukang daging

carnisseria

BAKERY

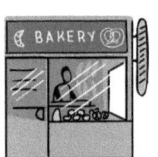

kedai roti

forn de pa

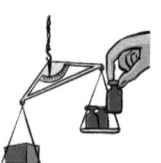

berat

pesar

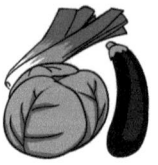

sayur-sayuran

verdures

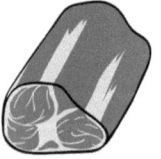

daging

carn

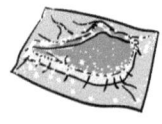

makanan sejuk beku

menjar congelat

daging sejuk

carn freda

makanan dalam tin

conserves

serbuk pencuci

detergent en pols

gula-gula

dolços

produk isi rumah

articles domèstics

produk pembersihan

productes de neteja

orang jualan

venedora

daftar tunai

caixa registradora

juruwang

caixera

senarai membeli-belah

llista de la compra

waktu pembukaan

horari d'obertura

beg duit

portamonedes

kad kredit

carta de crèdit

beg

bossa

beg plastik

bossa de plàstic

air

aigua

jus

suc

susu

llet

kola

coca-cola

wain

vi

bir

cervesa

alkohol

alcohol

koko

cacau

the

te

kopi

cafè

espreso

espresso

kapucino

cappuccino

pisang

banana

epal

poma

oren

taronja

tembikai

síndria

lemon

llimona

lobak merah

pastanaga

bawang putih

all

buluh

bambú

bawang

ceba

cendawan

bolet

kacang

avellanes

mi

fideus

spageti

espaguetis

nasi

arròs

salad

amanida

kerepek

patates fregides

kentang goreng

patates fregides

piza

pizza

hamburger

hamburguesa

sandwic

entrepà

kutlet

escalopa

ham

cuixot

salami

salami

sosej

salsitxa

ayam

pollastre

panggang

rostit

ikan

peix

bubur oat

flocs de civada

muesli

musli

emping jagung

cereals

tepung

farina

kroisan

croissant

roti roll

panet

roti

pa

roti bakar

torrada

biskut

bescuits

mentega

mantega

dadih

mató

kek

pastís

telur

ou

telur goreng

ou fregit

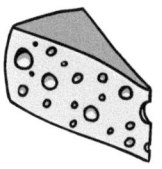

keju

formatge

makanan - menjar

ais krim

gelat

gula

sucre

madu

mel

jem

melmelada

krim nougat

crema de xocolata

kari

curri

makanan - menjar

ladang
granja

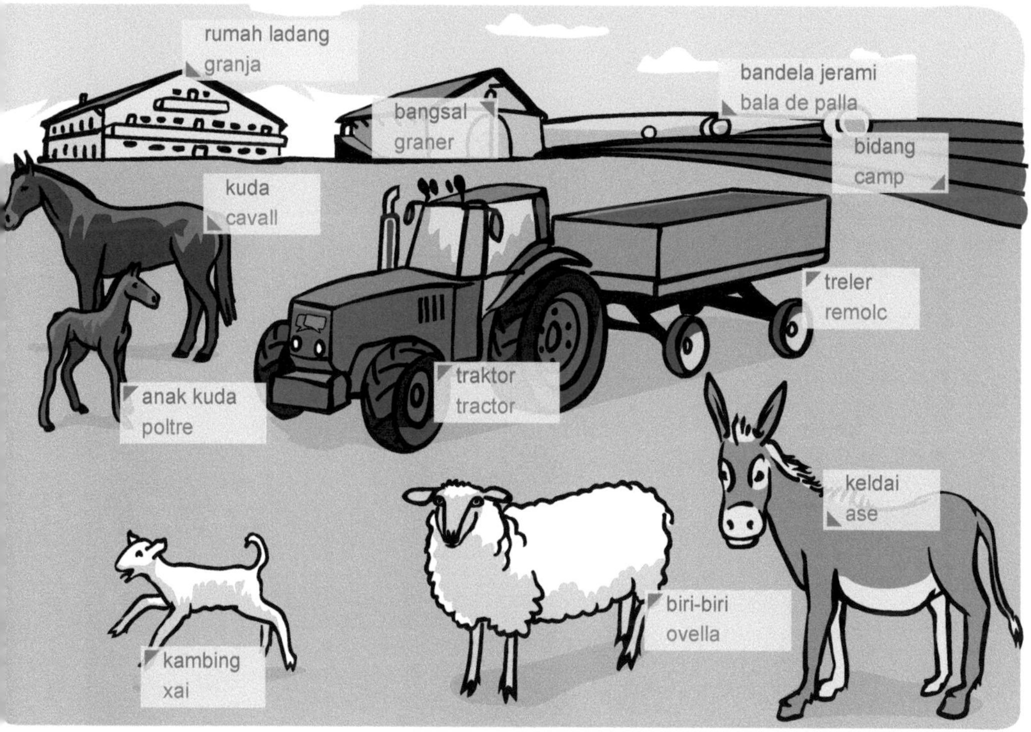
rumah ladang
granja
bangsal
graner
bandela jerami
bala de palla
bidang
camp
kuda
cavall
treler
remolc
traktor
tractor
anak kuda
poltre
keldai
ase
biri-biri
ovella
kambing
xai

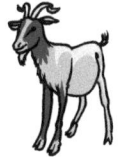

kambing

cabra

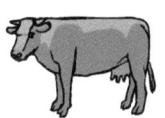

lembu

vaca

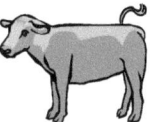

anak lembu

vedella

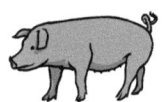

babi

porc

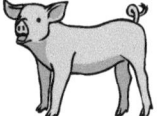

anak babi

garrí

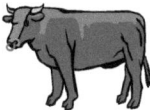

lembu

bou

angsa

oca

itik

ànec

anak ayam

poll

ayam betina

gall

ayam jantan muda

gallina

tikus

rata

kucing

gat

tikus

ratolí

lembu jantan

bou

anjing

gos

rumah anjing

gossera

hos taman

mànega de regar

bekas siraman

regadora

sabit

dalla

bajak

arada

sabit

falç

cangkul

aixada

serampang peladang

forca

kapak

destral

kereta sorong

carretó

palung

abeurador

tin susu

lletera

karung

sac

pagar

tanca

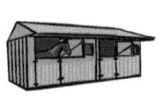

stabil

establa

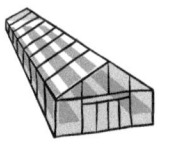

rumah hijau

hivernacle

tanah

sòl

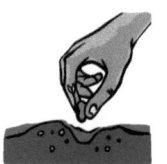

benih

llavor

baja

adob

jentuai

collidora

tuai

collir

menuai

collita

keladi

nyam

gandum

blat

soya

soja

kentang

patata

jagung

blat de moro o d'indi

biji sawi

colza

pokok buah-buahan

arbre fruiter

ubi kayu

mandioca

bijirin

cereals

rumah
casa

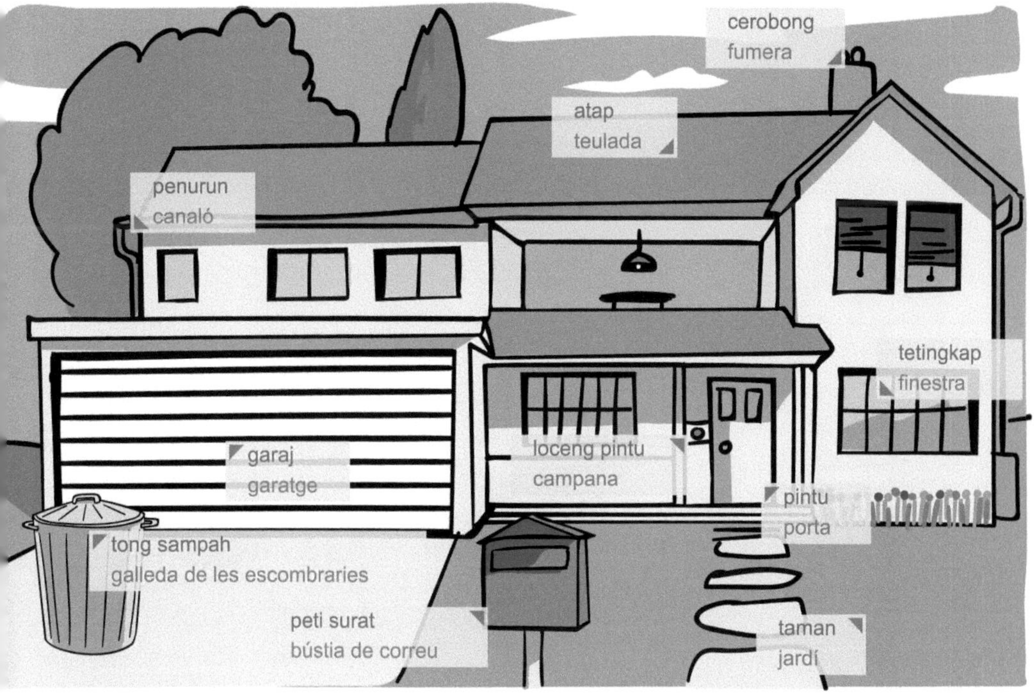
cerobong
fumera
atap
teulada
penurun
canaló
tetingkap
finestra
garaj
garatge
loceng pintu
campana
pintu
porta
tong sampah
galleda de les escombraries
peti surat
bústia de correu
taman
jardí

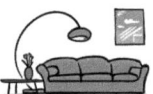

ruang tamu

sala d'estar

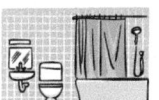

bilik air

bany

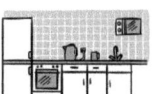

dapur

cuina

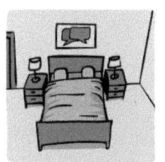

bilik tidur

cambra de dormir

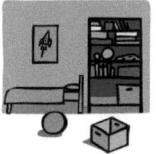

bilik kanak-kanak

cambra de nen

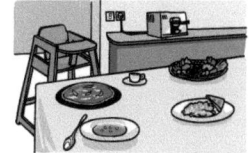

ruang makan

menjador

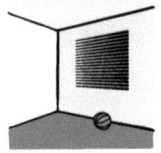

lantai

sòl

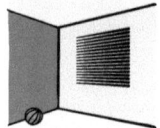

dinding

paret

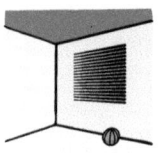

siling

sostre

bilik bawah tanah

soterrani

sauna

sauna

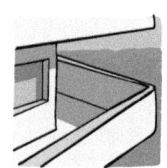

balkoni

balcó

teres

terrassa

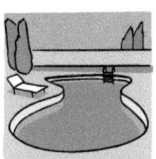

kolam renang

piscina

pemotong rumput

tallagespa

lembaran

vànova

penutup tilam

cobrellit

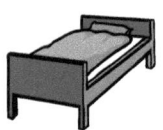

katil

llit

penyapu

escombra

timba

galleda

suis

interruptor

ruang tamu
sala d'estar

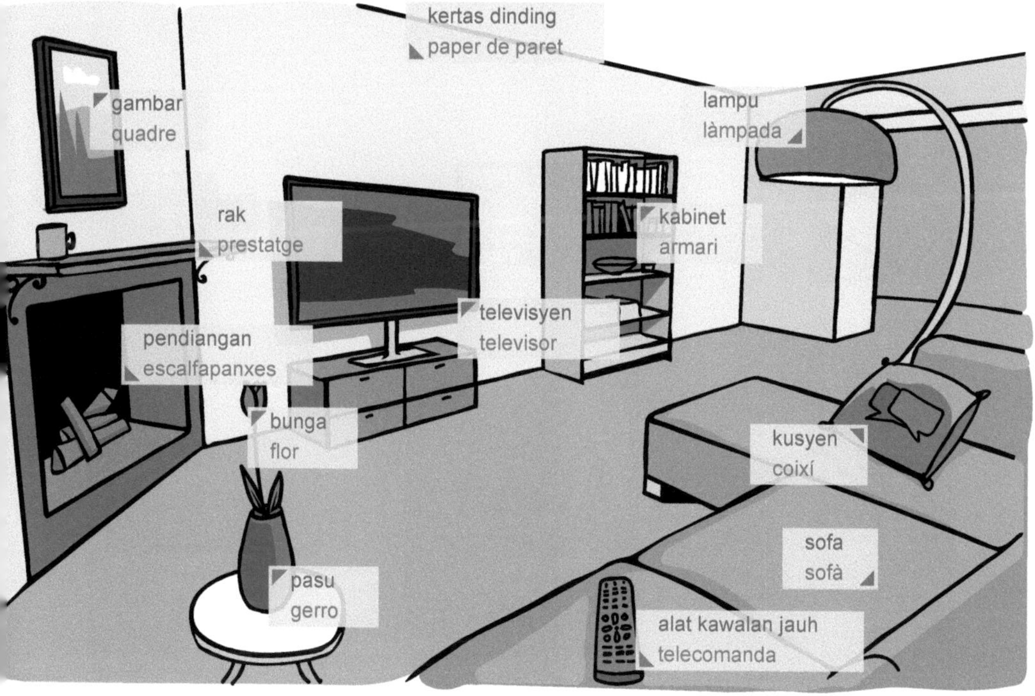
kertas dinding
paper de paret
gambar
quadre
lampu
làmpada
rak
prestatge
kabinet
armari
televisyen
televisor
pendiangan
escalfapanxes
bunga
flor
kusyen
coixí
sofa
sofà
pasu
gerro
alat kawalan jauh
telecomanda

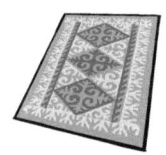

permaidani

catifa

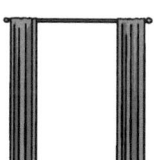

tirai

cortina

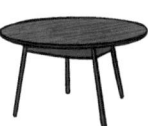

meja

taula

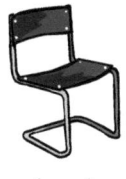

kerusi

cadira

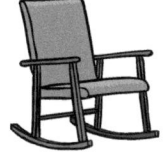

kerusi malas

cadira gronxadora

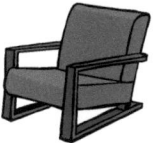

kerusi

cadiral

buku
llibre

selimut
llençol

hiasan
decoració

kayu api
llenya

filem
film

hi-fi
cadena de música

kunci
clau

akhbar
diari

lukisan
pintura

poster
cartell

radio
ràdio

buku catatan
bloc de notes

penyedut habuk
aspiradora

kaktus
cactus

lilin
candela

dapur
cuina

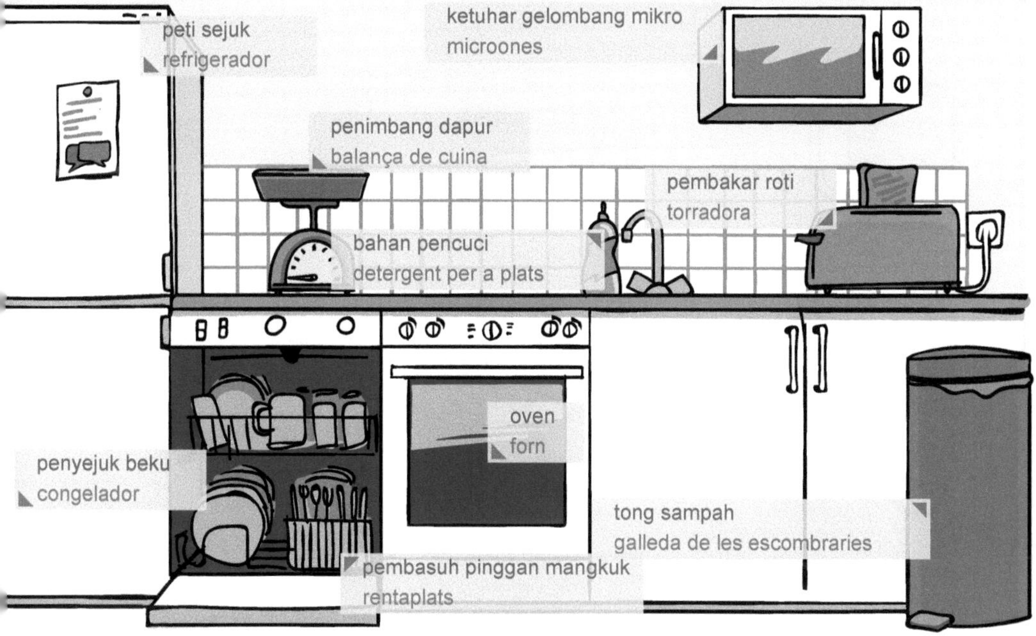
peti sejuk
refrigerador
ketuhar gelombang mikro
microones
penimbang dapur
balança de cuina
pembakar roti
torradora
bahan pencuci
detergent per a plats
oven
forn
penyejuk beku
congelador
tong sampah
galleda de les escombraries
pembasuh pinggan mangkuk
rentaplats

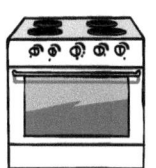

periuk dapur

cuina de fogons

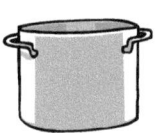

periuk

olla

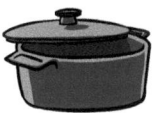

periuk besi

olla de ferro colat

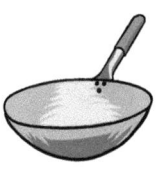

kuali

wok / karahi

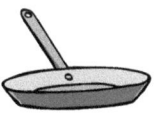

pan

paella

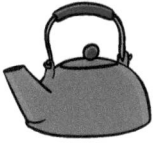

cerek

bullidor

pengukus

olla de vapor

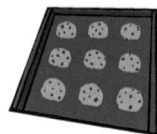

dulang pembakar

plata de forn

pinggan mangkuk

vaixella

koleh

tassa grossa

mangkuk

bol

penyepit

bastonets xinesos

senduk

culler

spatula

espàtula

pengadun

batedor

penapis

colador

ayak

sedàs

pemarut

ratllador

mortar

morter

barbeku

barbacoa

pembakaran terbuka

foc a terra

papan pencincang

taula de tallar

pin golekan

corró

skru gabus

llevataps

tin

pot de conserva

pembuka tin

obridor

pemegang periuk

agafador

sinki

aigüera

berus

raspall

span

esponja

pengisar

batedora

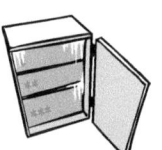

penyejuk beku

congelador

botol bayi

biberó

paip

aixeta

bilik air
bany

pemanasan
calefacció
tuala
tovallola
mandi
dutxa
tirai mandi
cortina de dutxa
mandi buih
bany de bombolles
tab mandi
banyera
gelas
got
mesin basuh
rentadora
paip
aixeta
jubin
rajoles
tandas
orinal
sinki
aigüera

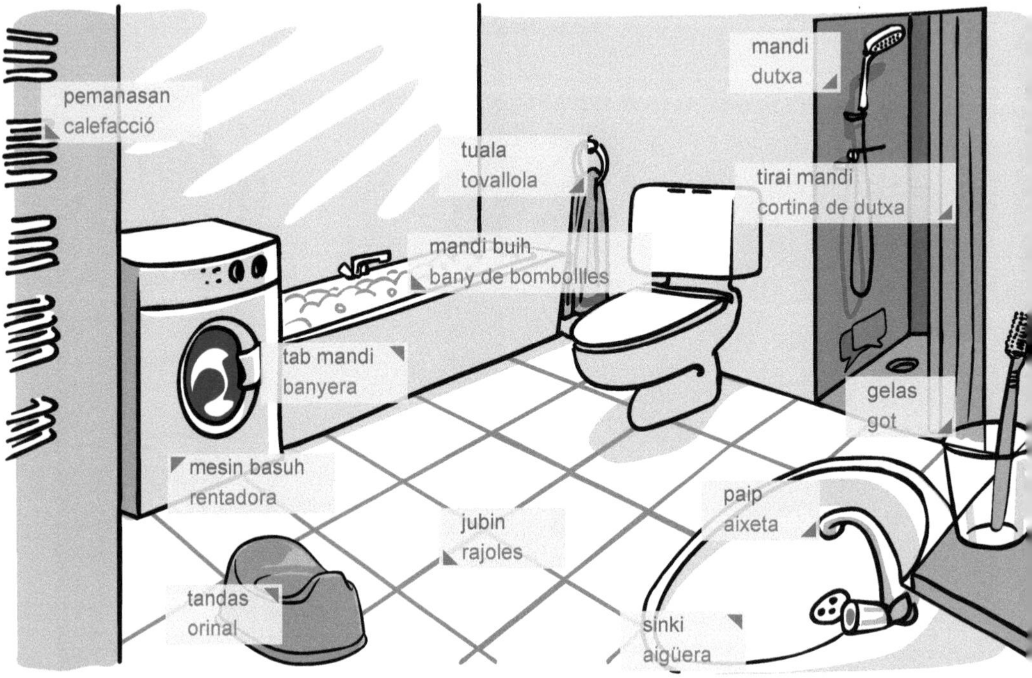

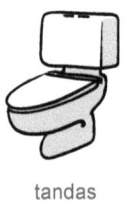

tandas
lavabo

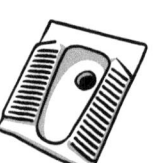

tandas mencangkung
lavabo turc

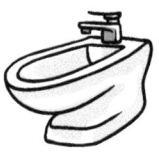

mangkuk tandas
bidet

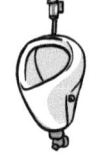

tandas awam
orinador

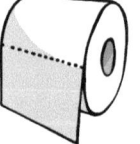

kertas tandas
paper higiènic

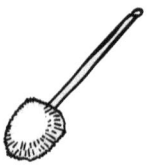

berus tandas
escombreta de sanitari

berus gigi

raspall de dents

ubat gigi

pasta de dents

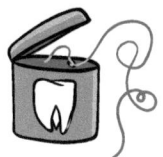

flos gigi

fil dental

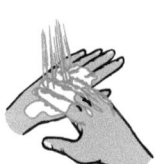

cuci

rentar

mandian tangan

pom de dutxa

pancuran

dutxa íntima

besen

rentamans

belakang berus

raspall per a l'esquena

sabun

sabó

gel mandian

gel de dutxa

syampu

xampú

flanel

manyopla de bany

longkang

bonera

krim

crema

deodoran

desodorant

cermin

mirall

cermin tangan

mirall-espill de mà

pisau cukur

maquineta de rasar

busa cukur

espuma de barbejar

selepas cukur

loció post-rasada

sikat

pinta

berus

raspall

pengering rambut

eixugador

semburan rambut

laca

mekap

maquillatge

gincu

pintallavis

varnis kuku

esmalt d'ungles

bulu kapas

cotó

gunting kuku

tallaungles

pewangi

perfum

beg basuhan

estoig de bellesa

bangku

tamboret

skala berat

bàscula

jubah mandi

barnús

sarung tangan getah

guants de goma

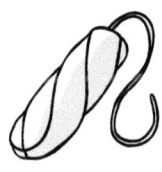

kapas

compresa higiènica

tuala wanita

compresa

tandas kimia

sanitari químic

bilik kanak-kanak

cambra de nen

jam loceng
despertador
mainan kegemaran
animal de peluix
kereta mainan
auto de joguina
kerincing bayi
sonall
rumah anak patung
casa de nines
hadiah
present

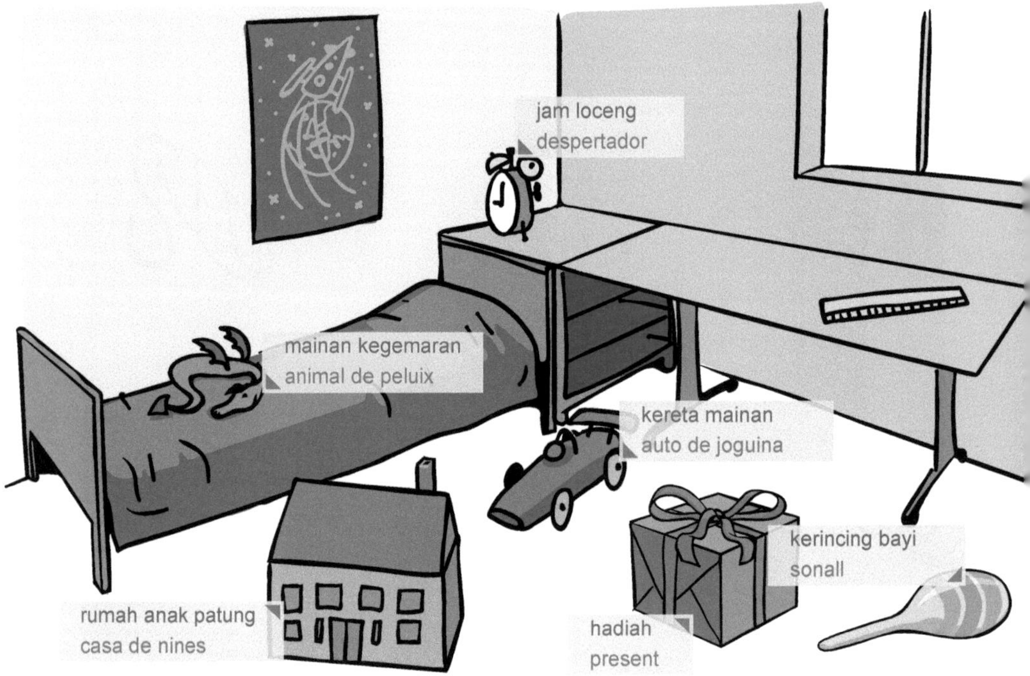

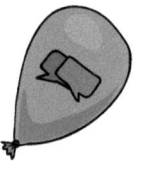

belon

baló

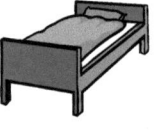

katil

llit

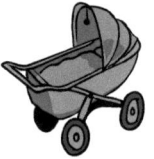

kereta sorong bayi

cotxet per a nens

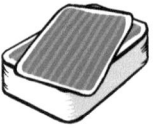

set kad

joc de cartes

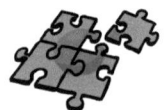

susun suai gambar

trencaclosca

SUPER
MEGA

komik

historieta

batu bata lego
·················
peces de lego

blok mainan
·················
peces de construcció

figura aksi
·················
ninot d'acció

baju bayi
·················
granota

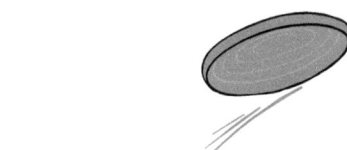

frisbee
·················
frisbee

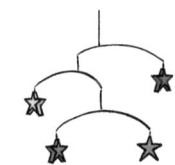

mainan bayi mudah alih
·················
mòbil per a bressol

permainan papan
·················
joc de taula

dadu
·················
daus

set model kereta api
·················
tren elèctric

palsu
·················
xumet

parti
·················
festa

buku bergambar
·················
llibre de dibuixos

bola
·················
pilota

anak patung
·················
nina

main
·················
jugar

lubang pasir

sorrera

buai

gronxador

mainan

joguines

konsol permainan video

consola de jocs de vídeo

basikal roda tiga

tricicle

anak patung beruang

osset de peluix

almari pakaian

armari

pakaian

roba

stoking

mitjons

stoking

mitges

ketat

mitja pantaló

skarf
tapacoll

/keselamatan

payung
paraigua

kemeja-t
camiseta

but
botes

selipar
plantofes

kasut sukan
sabates d'esport

sandal

sandàlies

kasut

sabates

but getah

botes de goma

seluar dalam

calçonets

coli

sostenidor

ves

guardapits

badan

jjustacòs

Seluar panjang

pantalons

jean

jeans

skirt

faldeta

blaus

brusa

kemeja

camisa

baju panas sarung

jersei

sweater

dessuadora

blazer

blazer

jaket

jaqueta

kot

mantell

baju hujan

impermeable

kostum

vestit de dona

pakaian

vestit de dona

baju pengantin

vestit de núvia

sut
....
vestit d'home

baju tidur
....
camisa de dormir

baju tidur
....
pijama

sari
....
sari

skarf kepala
....
mocador de cap

serban
....
turbant

burqa
....
burca

kaftan
....
caftan

abaya/jubah
....
abaia

baju renang
....
vestit de bany

seluar renang
....
calçon(et)s de bany

seluar pendek
....
pantalons curts

sut balapan
....
xandall

apron
....
davantal

sarung tangan
....
guants

butang

botó

cermin mata

ulleres

gelang tangan

braçalet

rantai leher

collaret

cincin

anell

subang

orellera

topi

casquet

penyangkut kot

penjador

topi

capell

tali leher

corbata

zip

cremallera

topi keledar

casc

pendakap

elàstics

uniform sekolah

uniforme escolar

seragam

uniforme

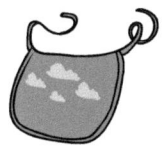

lapik dada

pitet

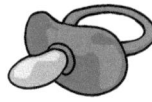

palsu

xumet

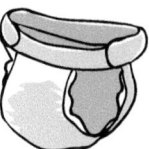

lampin

bolquer

pejabat
oficina

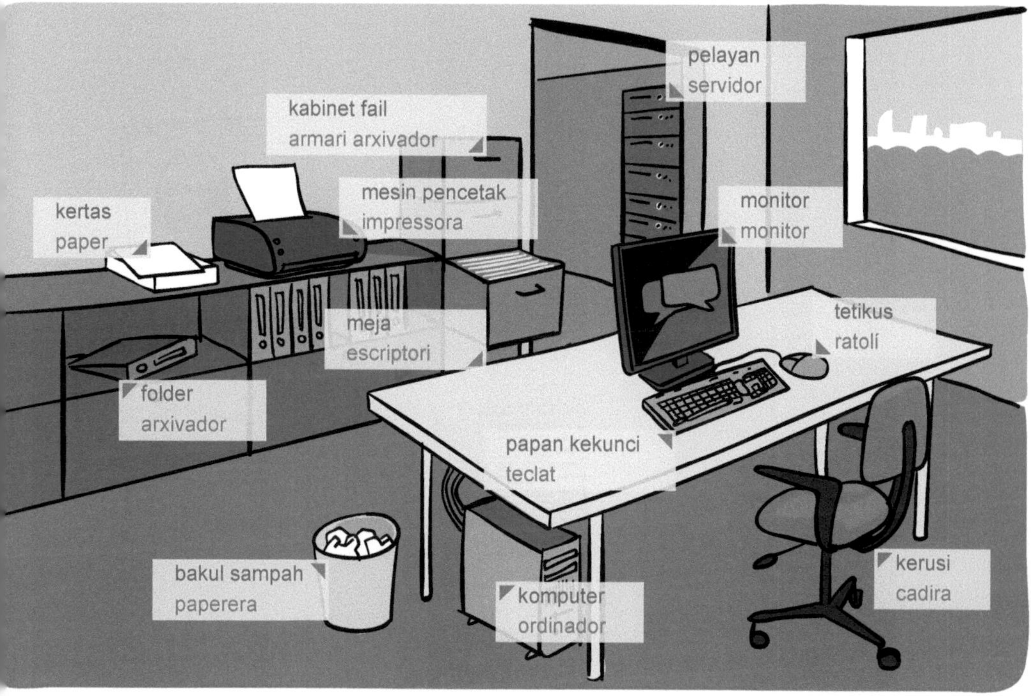
pelayan
servidor
kabinet fail
armari arxivador
kertas
paper
mesin pencetak
impressora
monitor
monitor
tetikus
ratolí
meja
escriptori
folder
arxivador
papan kekunci
teclat
bakul sampah
paperera
komputer
ordinador
kerusi
cadira

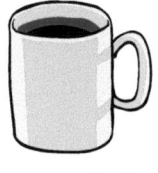

cawan kopi

tassa de cafè

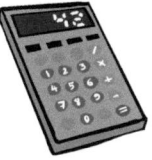

kalkulator

calculadora

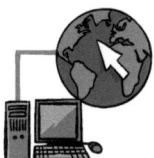

internet

Internet

komputer riba

ordinador portàtil

surat

lletra

mesej

missatge

mudah alih

mòbil

rangkaian

xarxa

mesin fotokopi

fotocopiadora

perisian

programari

telefon

telèfon

soket plag

presa de corrent

mesin faks

fax

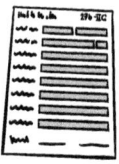

bentuk

formulari

dokumen

document

beli

comprar

bayar

pagar

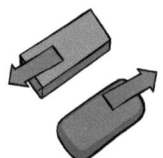

berdagang

comerciar

wang

diners

dolar

dòlar

euro

euro

yen

ien

rubel

ruble

franc swiss

franc suís

renminbi yuan

renminbi

rupee

rupia

mata tunai

caixa automàtica

pejabat tukaran mata wang

oficina de canvi

emas

or

perak

argent

minyak

petroli

tenaga

energia

harga

preu

kontrak

contracte

cukai

impost

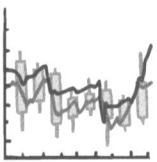

stok

acció

kerja

treballar

pekerja

treballador

majikan

empresari

kilang

fàbrica

kedai

botiga

pegawai polis
oficial de policia

ahli bomba
bomber

tukang masak
cuiner

doktor
doctora

juruterbang
pilot

tukang kebun
jardiner

tukang kayu
fuster

tukang jahit
costurera

hakim
jutge

ahli kimia
química

pelakon
actor

pemandu bas

conductor d'autobús

pemandu teksi

taxista

nelayan

pescador

wanita pencuci

dona de la neteja

kasau

ensostrador

pelayan

cambrer

pemburu

caçador

pelukis

pintor

bakeri

forner

juruelektrik

electricista

pembangun

obrer de la construcció

jurutera

enginyer

penjual daging

carnisser

tukang paip

llanterner

posmen

correu

askar

soldat

arkitek

arquitecte

juruwang

caixera

kedai bunga

florista

pendandan rambut

perruquer

konduktor

revisor

mekanik

mecànic

kapten

capità

doktor gigi

dentista

ahli sains

científic

tuhanku

rabí

imam

imam

sami

monjo

paderi

capellà

alat
eines

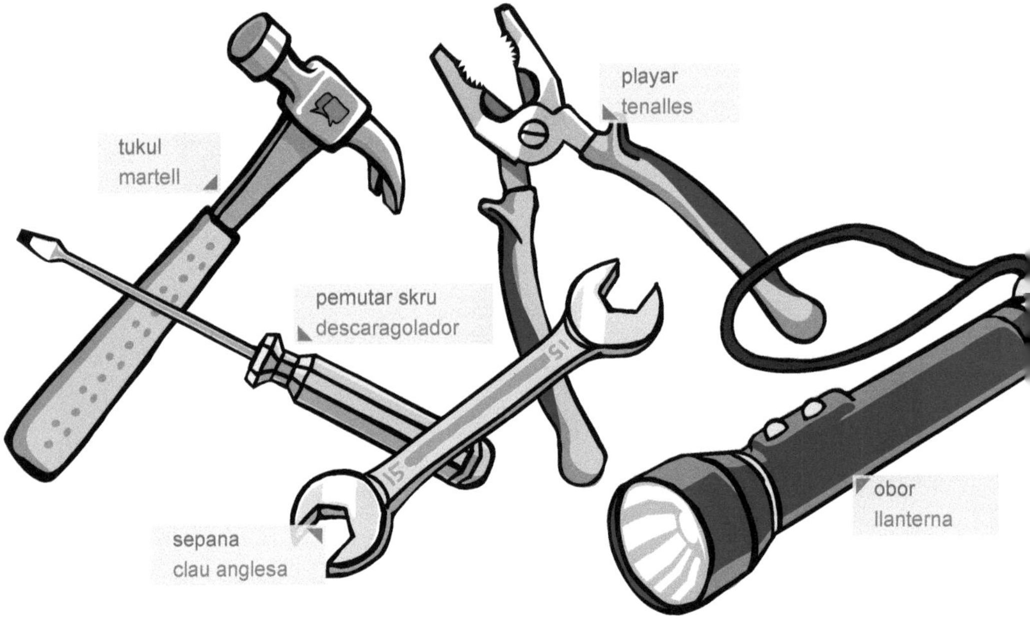

playar
tenalles
tukul
martell
pemutar skru
descaragolador
obor
llanterna
sepana
clau anglesa

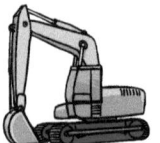

pengorek

excavadora

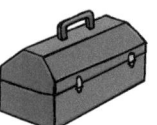

kotak peralatan

caixa d'eines

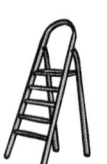

tangga

escala

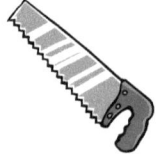

gergaji

serra

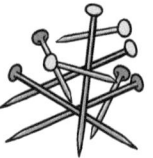

kuku

claus

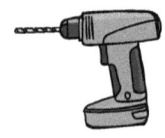

gerudi

trepant

baiki
reparar

penyodok
pala

Celaka!
Maleït siga!

penadah sampah
pala

periuk cat
pot de pintura

skru
caragols

alat muzik
instrument de música

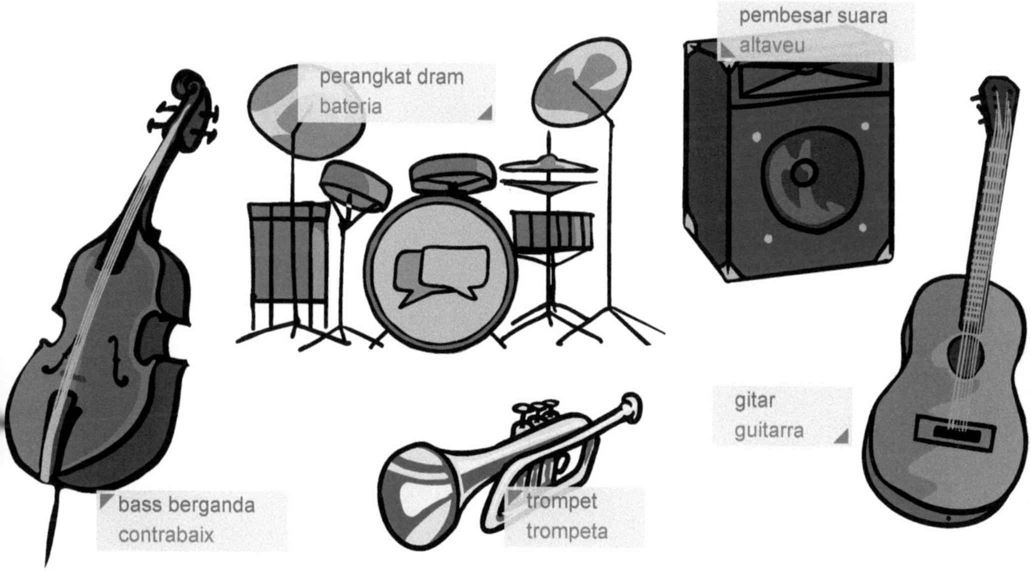

perangkat dram
bateria

pembesar suara
altaveu

gitar
guitarra

bass berganda
contrabaix

trompet
trompeta

piano
piano

biola
violí

bass
baix

timpani
timbal

dram
tambor

papan kekunci
teclat

saksofon
saxofon

seruling
flauta

mikrofon
micròfon

pintu masuk
entrada

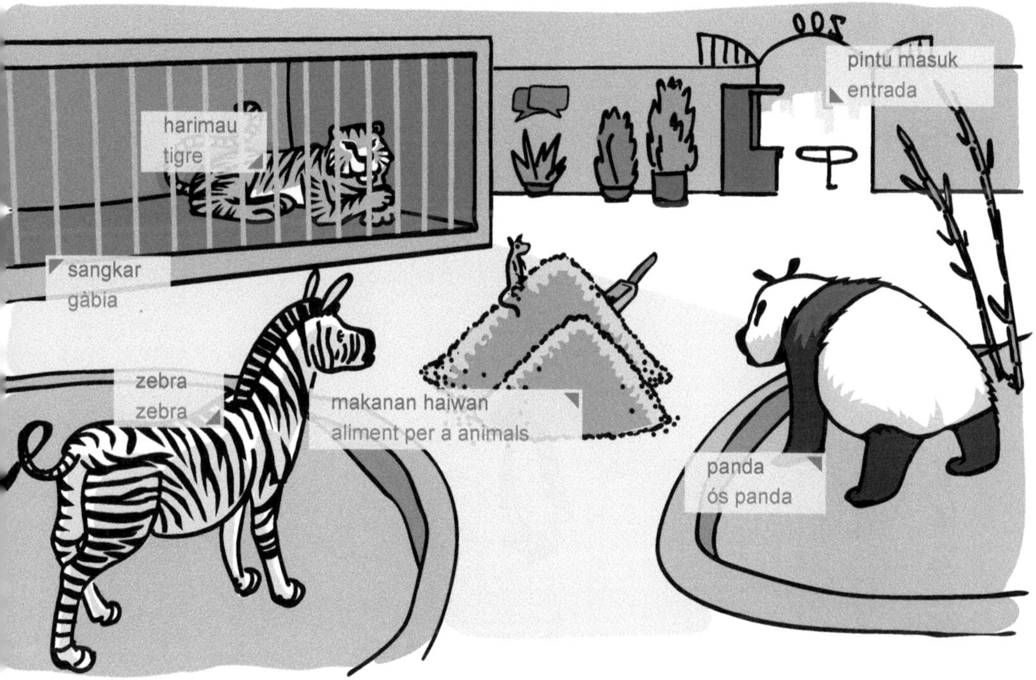

harimau
tigre

sangkar
gàbia

zebra
zebra

makanan haiwan
aliment per a animals

panda
ós panda

haiwan	gajah	kanggaru
animals	elefant	cangurú

badak sumbu	gorila	beruang
rinoceront	goril·la	ós

unta

camell

burung unta

estruç

singa

lleó

monyet

simi

flamingo

flamenc

nuri

papagai

beruang kutub

ós polar

penguin

pingüí

yu

ca mari

merak

paó

ular

serp

buaya

cocodril

penjaga zoo

guardià del zoo

anjing laut

foca

jaguar

jaguar

zoo - zoo

kuda

poni

harimau

lleopard

badak air

hipopòtam

zirafah

girafa

helang

àliga

babi jantan

senglar

ikan

peix

penyu

tortuga

anjing laut

morsa

musang

guineu

rusa

gasela

bola sepak Amerika
futbol americà

berbasikal
ciclisme

tenis
tenis

bola keranjang
bàsquet

renang
natació

tinju
boxa

hoki ais
hoquei sobre gel

bola sepak
....
futbol americà

badminton
....
bàdminton

olahraga
....
atletisme

bola baling
....
handbol

ski
....
esquí

polo
....
polo

ketawa
riure

lompat
saltar

peluk
abraçar

berjalan
anar

menyanyi
cantar

mimpi
somiar

berdoa
pregar

cium
fer un petó

tulis

escriure

lukis

dibuixar

tunjuk

mostrar

tolak

pitjar

beri

donar

ambil

prendre

ada
tenir

buat
fer

ialah
ésser

berdiri
estar dret

lari
córrer

tarik
estirar

buang
llançar

jatuh
caure

tipu
jeure

tunggu
esperar

bawa
portar

duduk
asseure's

pakai
vestir-se

tidur
dormir

bangkit
despertar-se

lihat pada

mirar

menangis

plorar

strok

amoixar

sikat

pentinar

cakap

parlar

faham

comprendre

tanya

demanar

dengar

escoltar

minum

beure

makan

menjar

mengemas

endreçar

sayang

estimar

masak

cuinar

pandu

conduir

terbang

volar

belayar

navegar

kira

calcular

baca

llegir

belajar

aprendre

kerja

treballar

nikah

casar-se

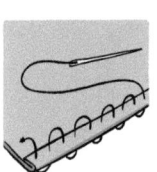

jahit

cosir

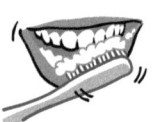

memberus gigi

raspallar-se les dents

bunuh

matar

asap

fumar

hantar

enviar

keluarga
família

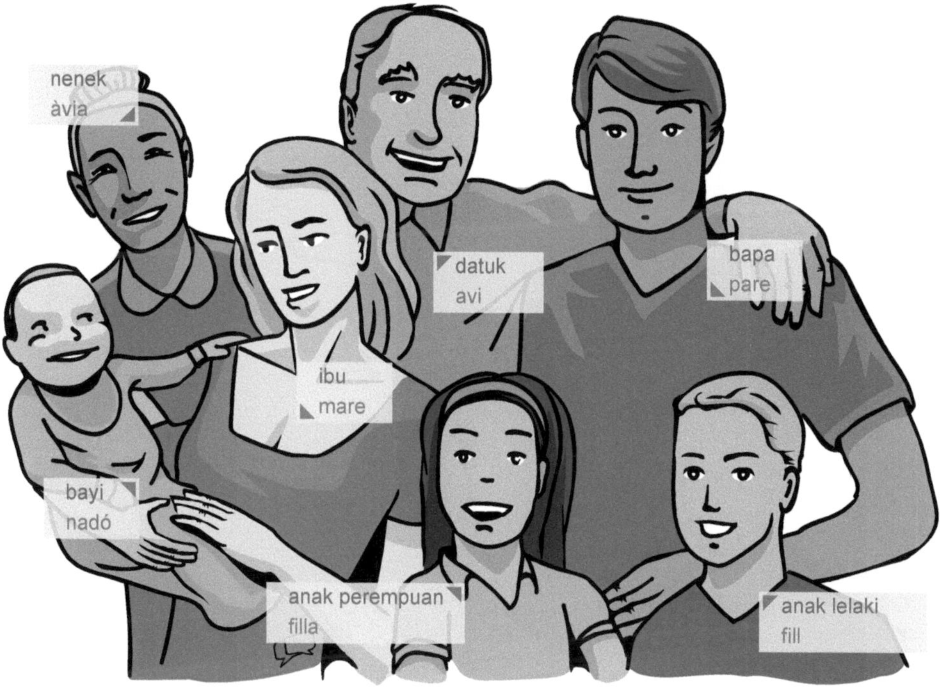

nenek
àvia
datuk
avi
bapa
pare
ibu
mare
bayi
nadó
anak perempuan
filla
anak lelaki
fill

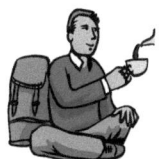

tetamu

convidat

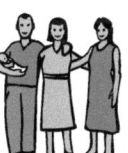

mak cik

tia

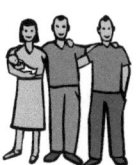

pak cik

oncle

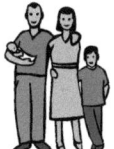

abang

germà

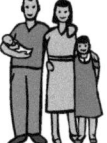

kakak

germana

badan

cos

dahi
front
mata
ull
bahu
espatlla
jari
dit
muka
cara
dagu
barbeta
tangan
mà
kaki
cama
dada
pit
lengan
braç

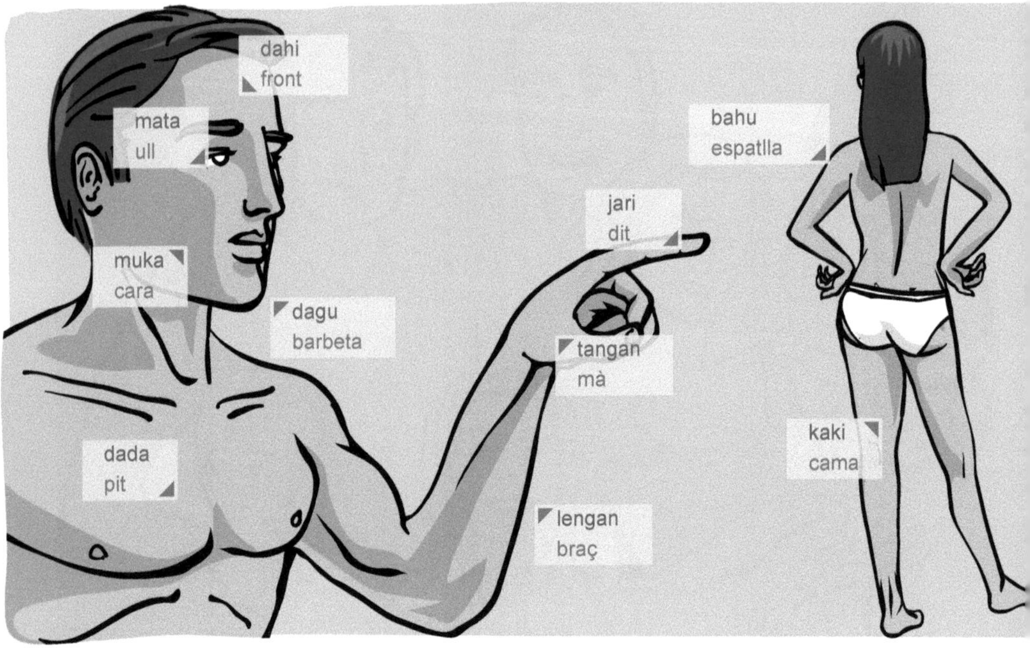

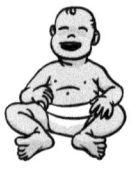

bayi
nadó

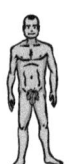

lelaki
home

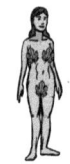

wanita
dona

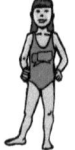

perempuan
noia

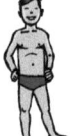

lelaki
noi

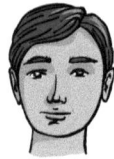

kepala
cap

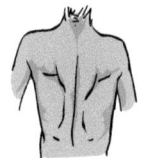

belakang
....
esquena

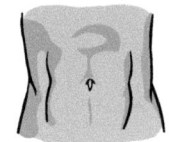

bawah perut
....
panxa

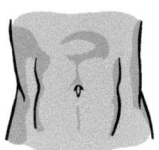

pusat
....
melic

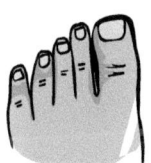

jari kaki
....
dit gros del peu

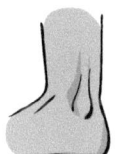

tumit
....
taló

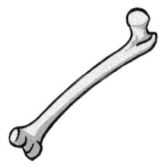

tulang
....
os

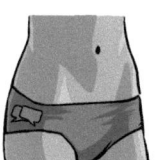

pinggul
....
maluc

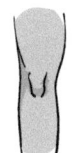

lutut
....
genoll

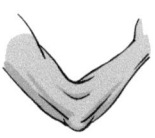

siku
....
colze

hidung
....
nas

bawah
....
cul

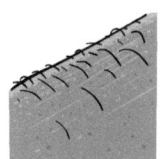

kulit
....
pell

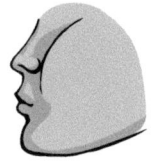

pipi
....
galta

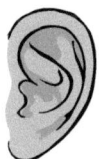

telinga
....
orella

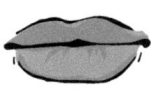

bibir
....
llavi

mulut

boca

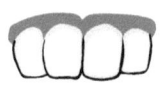

gigi

dent

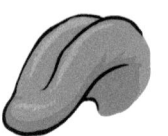

lidah

llengua

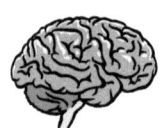

otak

cervell

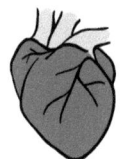

hati

cor

otot

múscul

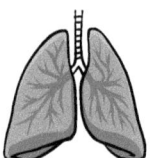

paru-paru

pulmó

hati

fetge

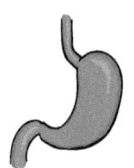

perut

estómac

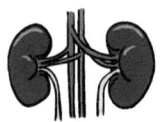

buah pinggang

ronyó

seks

relació sexual

kondom

preservatiu

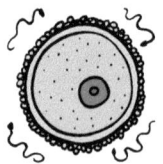

faraj

ovari

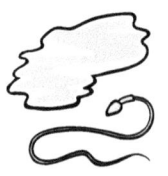

mani

semen

mengandung

prenyat

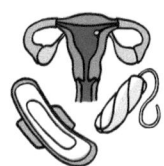

haid

menstruació

faraj

vagina

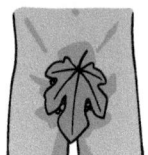

penis

penis

kening

cella

rambut

cabells

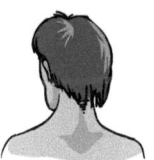

leher

coll

hospital
hospital

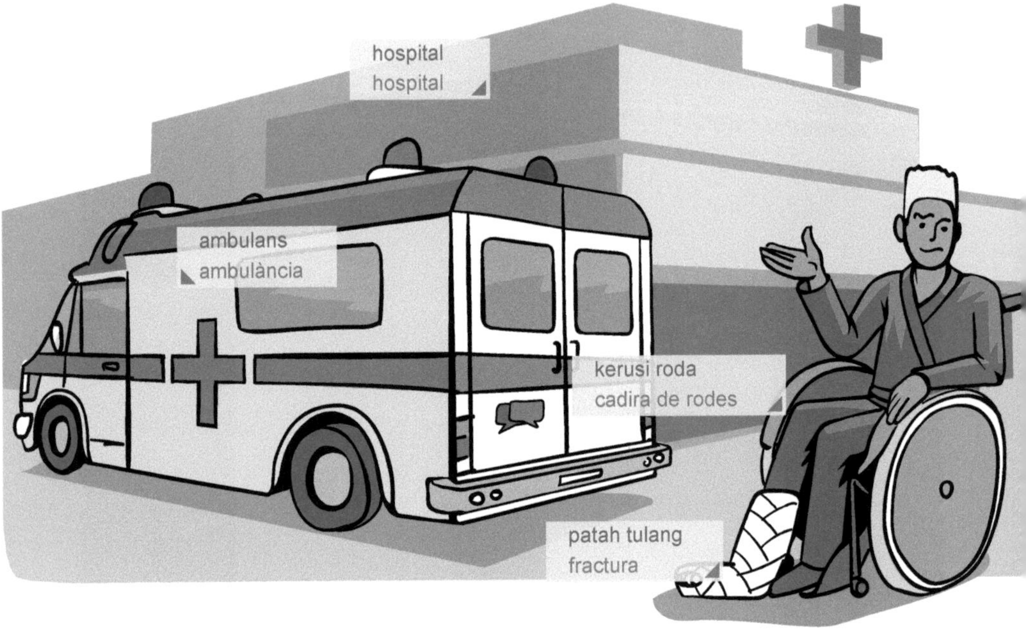

hospital
hospital
ambulans
ambulància
kerusi roda
cadira de rodes
patah tulang
fractura

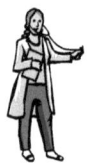

doktor

doctora

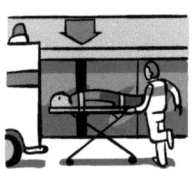

bilik kecemasan

sala d'urgències

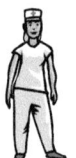

jururawat

infermera

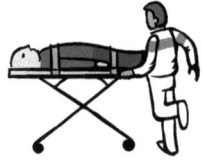

kecemasan

urgència

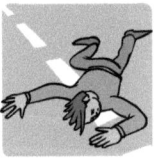

tak sedar

inconscient

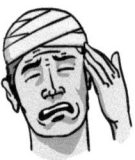

sakit

dolor

kecederaan

ferida

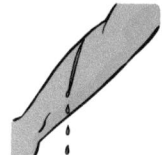

pendarahan

sagnament

serangan jantung

atac de cor

strok

apoplexia

alergi

al·lèrgia

batuk

tos

demam

febre

selesema

gripa

cirit-birit

diarrea

sakit kepala

mal de cap

kanser

càncer

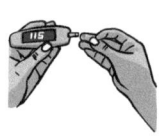

diabetes

diabetis

pakar bedah

cirurgià

pisau bedah

escalpel

pembedahan

operació

CT

tomografia computada (TC), TAC

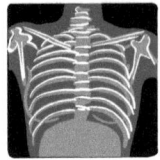

x-ray

raigs x

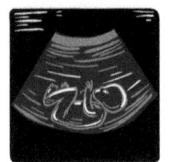

ultrabunyi

ultrasò

topeng muka

mascareta

penyakit

malaltia

bilik menunggu

sala d'espera

penongkat

crossa

plaster

tireta

pembalut

embenat

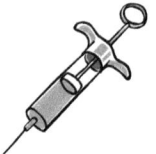

suntikan

injecció

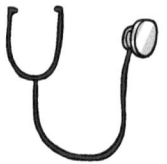

stetoskop

estetoscopi

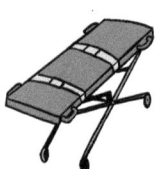

pengusung

llitera

termometer klinik

termòmetre clínic

kelahiran

pariment

berat badan berlebihan

sobrepès

alat pendengaran

aparell auditiu

disinfektan

desinfectant

jangkitan

infecció

virus

virus

HIV / AIDS

VIH / SIDA

perubatan

medicina

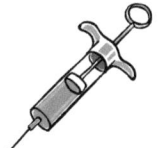

vaksinasi

vaccí

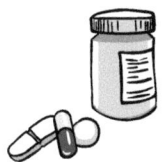

tablet

comprimits

pil

píl·lola

panggilan kecemasan

trucada d'urgència

pantau tekanan darah

tensiòmetre

sakit / sihat

malalt / sà

Tolong!

Socors!

penggera

alarma

serang

assalt

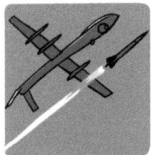

serangan

atac

bahaya

perill

pintu kecemasan

sortida-eixida d'urgència

Api!

Foc!

alat pemadam api

extintor

kemalangan

accident

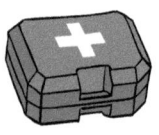

alat pertolongan cemas

farmaciola de primers
auxilis

SOS

SOS

polis

policia

Eropah

Europa

Amerika Utara

Amèrica del Nord

Amerika Selatan

Amèrica del Sud

Afrika

Àfrica

Asia

Àsia

Australia

Austràlia

Atlantic

Atlàntic

Pasifik

Pacífic

Lautan Hindi

Oceà Índic

Lautan Antartik

Oceà Antàrtic

Lautan Artik

Oceà Àrtic

Kutub utara

pol nord

Kutub Selatan

pol sud

Antartika

Antàrtida

bumi

terra

tanah

país

laut

mar

pulau

illa

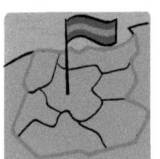

negara

nació

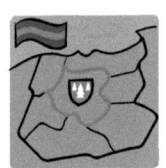

negeri

estat

muka jam

quadrant

tangan jam

agulla de les hores

tangan minit

agulla dels minuts

terpakai

agulla dels segons

Jam berapa sekarang

Quina hora és?

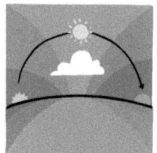

hari

dia

masa

temps

sekarang

ara

jam digital

rellotge digital

minit

minut

jam

hora

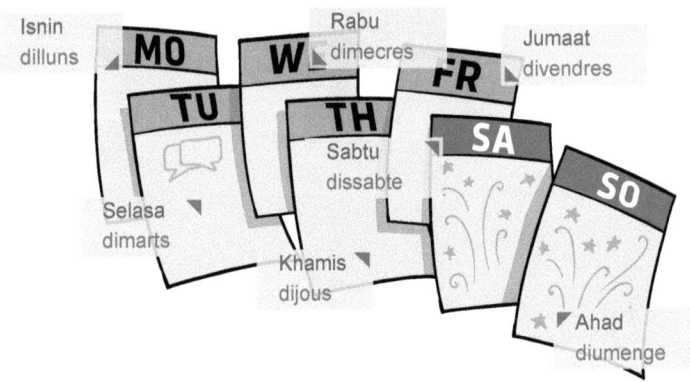

Isnin / dilluns — MO
Rabu / dimecres — WE
Jumaat / divendres — FR
TU
TH
SA
SO
Selasa / dimarts
Sabtu / dissabte
Khamis / dijous
Ahad / diumenge

semalam
ahir

hari ini
avui

esok
demà

pagi
matí

tengah hari
migdia

petang
tarda

MO	TU	WE	TH	FR	SA	SU
1	2	3	4	5	6	7
8	9	10	11	12	13	14
15	16	17	18	19	20	21
22	23	24	25	26	27	28
29	30	31	1	2	3	4

hari kerja
dia feiner

MO	TU	WE	TH	FR	SA	SU
1	2	3	4	5	6	7
8	9	10	11	12	13	14
15	16	17	18	19	20	21
22	23	24	25	26	27	28
29	30	31	1	2	3	4

hari minggu
cap de setmana

tahun

any

hujan
pluja
pelangi
arc de Sant Martí
angin
vent
salji
neu
musim bunga
primavera
musim panas
estiu
musim luruh
tardor
musim salji
hivern

4.APRIL 11°
5.APRIL 4°
6.APRIL 13°
7.APRIL 8°
8.APRIL 10°

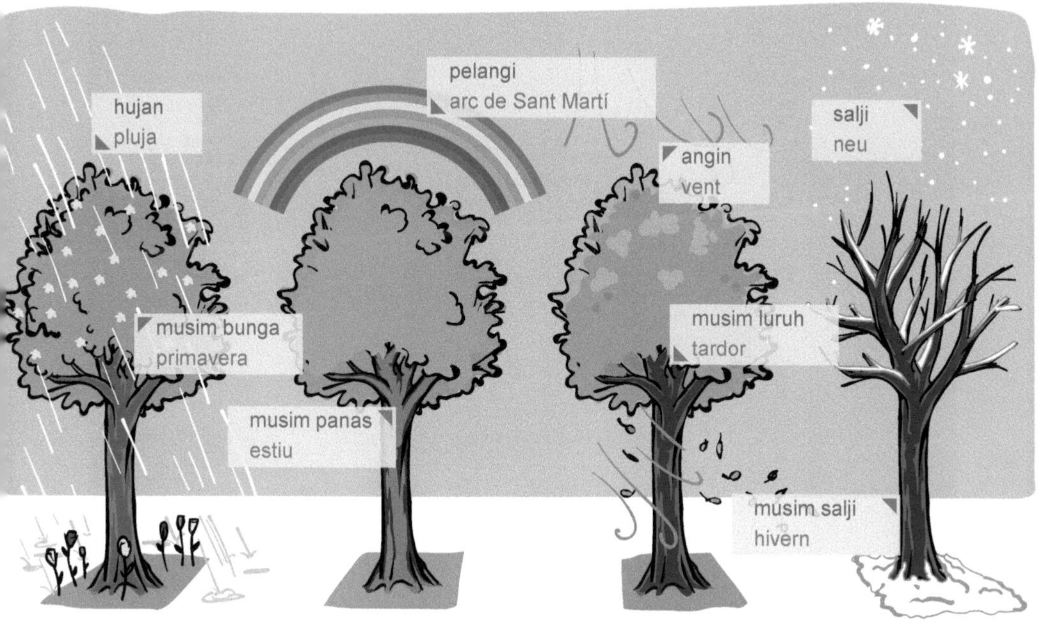

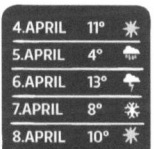

ramalan cuaca

pronòstic del temps

F C
120 40
90 30
60 20
30 10
0 0
-30 -10
-20

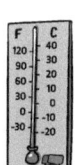

termometer

termòmetre

sinar matahari

llum del sol

awan

núvol

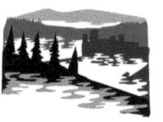

kabus

boira

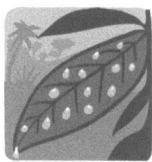

lembapan

humiditat de l'aire

kilat

llamp

petir

tro

ribut

tempesta

hujan batu

calamarsa

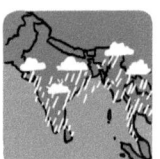

monsun

monsó

banjir

inundació

ais

gel

Januari

gener

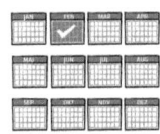

Februari

febrer

Mac

març

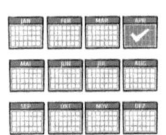

April

abril

Mei

maig

Jun

juny

Julai

juliol

Ogos

agost

tahun - any

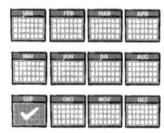

September
....
setembre

Oktober
....
octubre

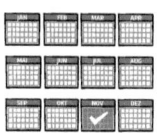

November
....
novembre

Disember
....
desembre

bulatan
....
cercle

petak
....
quadrat

segi empat tepat
....
rectangle

segitiga
....
triangle

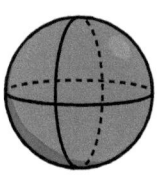

sfera
....
esfera

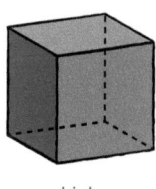

kiub
....
cub

warna
colors

putih

blanc

kuning

groc

oren

taronja

merah jambu

rosa

merah

vermell

ungu

lila

biru

blau

hijau

verd

coklat

marró

kelabu

gris

hitam

negre

banyak / sedikit

molt / poc

marah / tenang

emprenyat / tranquil

cantik / hodoh

bonic / lleig

bermula / tamat

començament / fi

besar kecil

gran / petit

terang / gelap

clar / fosc

abang / kakak

germà / germana

bersih / kotor

net / brut

lengkap / tidak lengkap

complet / incomplet

hari / malam

dia / nit

mati / hidup

mort / viu

luas / sempit

ample / estret

boleh dimakan / tidak boleh dimakan

comestible / immenjable

jahat / baik

dolent / amable

teruja / bosan

entusiasmat / entediat

gemuk / kurus

gros / prim

pertama / terakhir

primer / darrer

kawan / musuh

amic / enemic

penuh / kosong

ple / buit

keras / lembut

dur / tou

berat / ringan

pesant / lleuger

lapar / dahaga

gana / set

sakit / sihat

malalt / sà

menyalahi undang-undang / undang-undang

il·legal / legal

pintar / bodoh

intel·ligent / ximple

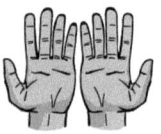

kiri / kanan

esquerra / dreta

dekat / jauh

prop / llunyà

baru / lama

nou / usat

tiada / sesuatu

res / quelcom

tua / muda

vell / jove

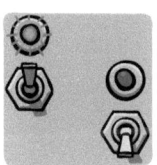

hidup / mati

encès / apagat

terbuka / tertutup

obert / tancat

diam / bising

silenciós / sorollós

kaya / miskin

ric / pobre

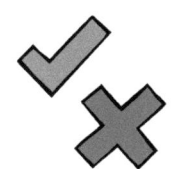

betul / salah

correcte / incorrecte

kasar / halus

aspre / suau

sedih / gembira

trist / content

pendek / panjang

curt / llarg

lambat / laju

lent / ràpid

basah / kering

humit / sec - eixut

panas / sejuk

calent / fred

berperang / berdamai

guerra / pau

nombor
nombres

0	**1**	**2**
sifar	satu	dua
zero	u	dos

3	**4**	**5**
tiga	empat	lima
tres	quatre	cinc

6	**7**	**8**
enam	tujuh	lapan
sis	set	vuit

9	**10**	**11**
sembilan	sepuluh	sebelas
nou	deu	onze

12

dua belas

dotze

13

tiga belas

tretze

14

empat belas

catorze

15

lima belas

quinze

16

enam belas

setze

17

tujuh belas

disset

18

lapan belas

divuit

19

Sembilan belas

dinou

20

dua puluh

vint

100

ratus

cent

1.000

ribu

mil

1.000.000

juta

milió

nombor - nombres

Bahasa Inggeris

anglès

Bahasa Inggeris Amerika

anglès americà

Bahasa Cina Mandarin

xinès mandarí

Bahasa Hindi

hindi

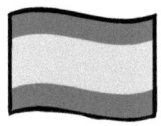

Bahasa Sepanyol

espanyol

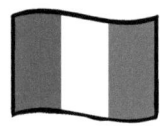

Bahasa Perancis

francès

Bahasa Arab

àrab

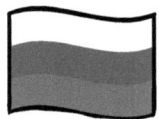

Bahasa Rusia

rus

Bahasa Portugis

portuguès

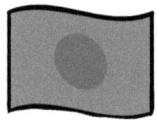

Bahasa Benggali

bengalí

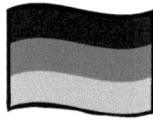

Bahasa Jerman

alemany

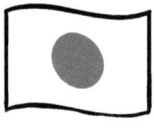

Bahasa Jepun

japonès

saya

jo

anda

tu

dia / dia / ia

ell / ella / allò

kita

nosaltres

anda

vosaltres

mereka

ells

siapa?

qui?

apa?

què?

bagaimana?

com?

di mana?

on?

bila?

quan?

nama

nom

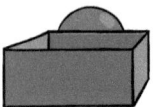

belakang

darrere

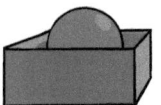

dalam

en

di hadapan

davant de

lebih

damunt

pada

sobre

di bawah

sota

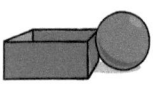

bersebelahan

al costat

antara

entre

tempat

lloc